AF243453

TRÈS RESPECTUEUSE PÉTITION

AU ROI,

EN SON CONSEIL DES MINISTRES,

En présence du Dauphin,

PAR LES TRÈS HUMBLES CRÉANCIERS
DE SA MAJESTÉ;

DONT LES DETTES ONT ÉTÉ RECONNUES ET FIXÉES
PAR LA COMMISSION CRÉÉE PAR ORDONNANCE ROYALE
DU 2 AOUT 1828.

Le bien d'autrui. - . . .
Ne retiendras à ton escient.
VIIe. *Commandement de Dieu.*

PARIS.

IMPRIMERIE DE PIHAN DELAFOREST (MORINVAL),

RUE DES BONS-ENFANS, N°. 34.

1830.

TRÈS RESPECTUEUSE PÉTITION

AU ROI,

EN SON CONSEIL DES MINISTRES,

En présence du Dauphin.

SIRE,

Pénétrés de reconnaissance envers Votre Majesté, pour l'Ordonnance du 2 août 1828, qui les a appelés à venir, *dans le plus bref délai*, produire leurs titres et faire reconnaître et fixer leurs créances, les Créanciers de Votre Majesté, dont les infortunes se sont accrues depuis dix-huit mois, et surtout depuis que la Commission, chargée de ce travail, l'a terminé, sans qu'ils puissent en connaître le résultat, demandent humblement la permission de rendre compte de leur cruelle situation à leur auguste débiteur, de qui l'Ordonnance qui les a appelés, ne peut pas être un leurre et une déception.

Dans l'acte d'accusation du ministère déplorable, le vénérable doyen de la Chambre des députés, inspiré par le dévouement respectueux que tout Français professe pour son Roi, s'est écrié : « N'est-ce pas avoir trahi la couronne que l'avoir » montrée si souvent ingrate envers ceux qui, dans » ses revers, lui ont sacrifié leur fortune et leur » vie ? »

Il faut se permettre de tout dire, à Votre Majesté, de ceux qui se sont permis de tout oser contre Elle !

Eh ! quelle trahison a pu léser davantage la majesté de la Couronne, que celle qui ne tendait à rien moins qu'à flétrir l'honneur, la probité, la conscience du Monarque, et à provoquer, sur sa personne sacrée, la désaffection de son peuple, la déconsidération de l'Étranger, et le blâme qu'entraînent après eux le manque de foi, la banqueroute et l'ingratitude ?

La trahison qui excite à la haine et au mépris du gouvernement du Roi peut-elle se comparer à celle qui exciterait à la haine et au mépris de la personne même de Sa Majesté ? Et comment un ministère, présidé par un noble ami du souverain, pourrait-il s'exposer à en encourir le reproche ?

Partout où parvient *le Moniteur*, on a su et on se rappelle avec quelle indécence, dans la séance de la Chambre des députés du 27 janvier 1827, le chef du ministère, se mentant à lui-même, mentant à la Chambre, mentant aux actes qu'il tenait en ses mains, et semblant vouloir insulter à la probité du Roi, a osé nier l'existence des dettes de Votre Majesté chez l'Étranger! Le crime de trahison était flagrant. Dans la séance du 21 juillet 1828, l'honorable rapporteur de la Commission des pétitions a dévoilé l'imposture et l'outrage. Il en a fait justice : et M. le Ministre des finances, comte Roy, lui succédant à la tribune, et rendant aussitôt à la Couronne son éclat et au Monarque sa loyauté, a annoncé à la Chambre « que Votre Majesté avait » ordonné qu'il fût nommé une Commission pour » examiner les titres de ceux qui se prétendaient ses » créanciers. »

Une Ordonnance de Votre Majesté, du 2 août suivant, insérée au *Moniteur*, a bientôt institué cette Commission, « devant laquelle les créanciers » ont été avertis de venir, *dans le plus bref délai*, » produire leurs titres, et faire reconnaître et fixer » leurs créances. »

L'honorable Commission a travaillé pendant neuf mois entiers à l'examen de ces titres, et à la reconnaissance des dettes de Votre Majesté, qui a approuvé ce travail, et l'a fait transmettre *aussitôt* à M. le Ministre des finances, dans les attributions duquel il avait été décidé, dans son Conseil, que ces dettes appartenaient, depuis qu'elles étaient devenues *dettes de l'Etat*, par l'avènement successif de Louis XVIII et de Votre Majesté au trône.

Cette décision royale, de laquelle les créanciers avaient été informés précédemment, par lettre de M. le Ministre de la maison du Roi, du 6 avril 1826, et qui leur est répétée en toute circonstance, est conforme au droit public, tant ancien que moderne, du royaume, auquel les Cours royales et de cassation se réfèrent en toute occasion : et la Chambre des pairs lui a rendu hommage dans sa séance du 5 juillet 1828.

Après que le travail de la Commission eut été transmis au ministère des finances, M. le comte Roy et plusieurs de ses collègues ont annoncé aux créanciers, « que, suivant les intentions de Votre » Majesté, ils s'occuperaient incessamment des me- » sures de paiement des dettes reconnues et fixées. »

Votre Majesté, Elle-même, a bien voulu assurer l'un des héritiers Magon La Balue, « qu'à la pro- » chaine session des Chambres, il serait pourvu au » paiement de ses dettes. »

Promesse auguste! suivant laquelle serait enfin terminé ce long scandale du Roi très chrétien, sous le poids de quelques restes des dettes de l'émigration, après seize années de restauration! et en contravention avec le VIIe. commandement de Dieu : « Le bien d'autrui. . . . . ne retiendras à ton » escient. »

Mais peu de temps après le ministère a été dissous! et depuis sa dissolution, repoussés par la liste civile, sur ce fondement que ces dettes ne la regardent plus! les malheureux créanciers de Votre Majesté s'efforcent en vain, jusqu'aujourd'hui, de se prévaloir, auprès du nouveau ministère, de l'Ordonnance de Votre Majesté, du travail de la Commission, des promesses des derniers Ministres, de celles même de Votre Majesté, qui, bien qu'affranchie de la matérialité de la dette envers eux, en conserve toujours la moralité : et par ses sollicitudes, et par l'intérêt qu'Elle daigne témoigner à ses créanciers, leur démontre que son honneur, sa probité, sa conscience en resteront chargés, aussi long-temps que leur paiement ne sera pas effectué.

Eh! comment, Sire, ce paiement peut-il embarrasser le ministère, quand le domaine de l'État n'a pu, qu'à la charge de leurs dettes, se mettre en possession des biens des deux Princes à leur avènement successif au trône ?—Plus, de leur part dans la loi d'indemnité ; — Plus, des biens que Louis XVIII a laissés à sa mort ; Tous, bien supérieurs à la modique masse des dettes qui restent dues.

Eh! comment une proposition aux Chambres, *si elle est jugée nécessaire,* pourrait-elle éprouver des objections, quand c'est le concours des deux Chambres qui, par le renvoi qu'elles ont fait à M. le Ministre des finances des pétitions des créanciers, a provoqué l'Ordonnance et l'institution de la Commission, qui ont enfin solennellement reconnu et fixé les dettes de Votre Majesté?

Comment se pourrait-il enfin, qu'après seize ans de restauration, une Ordonnance, émanée du trône, dans une sorte de concert avec les Chambres, n'ait appelé, que pour les abuser, les créanciers du dévouement et de l'hospitalité, à venir faire reconnaître et fixer leurs créances, déjà en souffrance, depuis vingt à vingt-cinq années antérieures à la restauration!

Quoi! Sire, malheureux et dans le besoin, depuis si long-temps, pour avoir, eux ou leurs pères, confié leur fortune aux Princes français dans l'adversité, plusieurs de ces créanciers auront ajouté à leurs nombreux sacrifices : ils auront épuisé leurs dernières ressources pour se mettre en état d'accourir, des bords du Pô, du Rhin, du Danube et de l'Elbe, à la voix auguste de Votre Majesté qui les a appelés, et qui, par cet appel, a fait luire pour eux le jour de leur remboursement, *dans le plus bref délai!* et quand, après neuf mois d'un séjour onéreux dans cette capitale ruineuse, ils ont appris qu'enfin leurs créances sont solennellement reconnues et fixées, et qu'ils ont dû croire à leur paiement immédiat, dont le dernier ministère leur a promis de s'occuper incessamment ; et auquel aucun homme d'honneur et de conscience, soumis à l'autorité des tribunaux, ne voudrait et ne pourrait se soustraire impunément ; le ministère, présidé par l'ami de Votre Majesté, se contenterait de leur dire, après dix autres mois : « que les circonstances » ne permettent pas qu'on donne en ce moment » aucune suite au travail de la Commission : et » qu'il a même été résolu de ne donner aucune » communication du travail de la Commission, *aux* » *parties intéressées !!!* »

Car tel est, Sire, depuis dix autres mois, tel est, envers les créanciers, le langage de M. l'Intendant-général de la maison de Votre Majesté ! Tel ce qu'il vient d'écrire, le 5 du mois de décembre dernier, à M. le Garde-des-sceaux, pour être transmis au Conseil-d'État, à qui il ajoute cependant « qu'il serait à désirer que le gouver- » nement de Sa Majesté s'occupât enfin du rem- » boursement de ces dettes, lesquelles sont à la » charge de l'État, et non de la liste civile. » Tel ce qu'il ne cesse de répéter aux créanciers, sans daigner leur faire pressentir quand cette résolution finira, ni le terme où ils pourront enfin connaître comment leurs créances sont reconnues et fixées, aux termes de l'Ordonnance de Votre Majesté !

Si quelques-uns d'entre eux sont parvenus à l'apprendre ; s'ils ont su que la Commission avait divisé les créanciers en cinq classes (les trois dernières étant ou douteuses ou rejetées), dont la première n'excède pas 2,700,000 fr., ni la seconde 2,000,000 fr. ; de sorte que le montant des dettes reconnues et fixées ne s'élève pas à 6,000,000 fr., c'est qu'ils ont pu aborder le noble Pair qui a présidé la Commission, et quelques membres du précédent ministère. Et c'est pour une somme aussi minime, pour 6,000,000 fr., qu'un ministre s'est rendu coupable de trahison envers ses Rois comme envers l'État, et a osé vouloir que l'État, héritier de Louis XVIII, reste en banqueroute des dettes de Leurs Majestés, « et que Charles X lui-» même se montre ingrat envers ceux qui, dans » ses revers, lui ont sacrifié leur fortune et leur » vie ! »

Parmi les ministres actuels, le noble Pair, Ministre des finances, les accueille avec intérêt et leur témoigne de favorables dispositions. Mais aucun d'eux ne peut concevoir comment M. le Président du Conseil reste envers eux sourd, muet, invisible, inabordable; ni comment M. l'Intendant-général de la liste civile les éconduit et les repousse, sans égards pour leur âge, leur rang, leur dévouement, leurs services, leurs infortunes, non moins que sans respect pour la mémoire de Louis XVIII, et pour les engagemens par lesquels Sa Majesté leur avait promis et leur a fait payer, jusqu'à sa mort, des à-comptes annuels, remboursables sur le supplément qui devait être ajouté au crédit ouvert en 1814.

Ces engagemens de Louis XVIII, Sire, il faut les rappeler à Votre Majesté; il faut qu'Elle sache qu'ils n'ont pas été remplis depuis sa mort! Ces à-comptes, ces avances qu'il faisait payer annuellement, en acquit de ses dettes et de celles de Votre Majesté, ne l'ont plus été sous le règne de Charles X! Comme si ces dettes n'étaient pas communes aux deux augustes frères! Comme si les engagemens de l'un, pour les acquitter, n'é-taient pas à la charge et en même temps à la décharge de l'autre, et solidaires avec lui!!!

Pour faire connaître à Votre Majesté combien sont coupables envers Elle, ceux qui ont pu faire dater du jour de son avènement l'époque où ont cessé d'être exécutés les engagemens de Louis XVIII, *auxquels* Monsieur *lui-même se référait*, il n'est pas besoin de recourir à l'énumération des services qui ont été rendus aux Princes par les Étrangers dont les créances sont aujourd'hui reconnues et fixées; et parmi les Français qui ont plus parti-culièrement donné des preuves de leur dévoue-ment aux Bourbons, on n'ira pas choisir les Magon La Ballue, dont quatorze têtes sont tombées sous la hache révolutionnaire, « pour avoir en-» voyé des sommes énormes à l'infâme......... » (*La plume échappe de mes mains!*) Mais prenant au hasard, dans le nombre des fidèles sujets de Votre Majesté, celui de ses créanciers dont le nom se présente le premier, dans l'ordre alphabétique, il suffira de lui seul pour faire juger des titres et du mérite des autres, ainsi que de la trahison de ceux des conseillers de Votre Majesté qui ont pu lui faire rompre les engagemens de Louis XVIII.

On trouve M. Abriot, baron de Grusse. Il était émigré; il voit ses augustes Princes éprouver les plus urgens besoins; il va leur révéler qu'avant d'émigrer, il a réalisé une somme de 150,000 fr., qu'il n'a pas pu emporter, et qu'il a enfouie, *en or*, au pied d'un arbre qu'il peut seul retrouver. Il offre de s'exposer au sort des *La Ballue*, et d'aller lui-même retirer le dépôt qu'il a confié à la terre, et l'apporter à LL. AA. RR.

On loue cet admirable dévouement; on accepte cette généreuse proposition. M. Abriot brave les périls du voyage, du séjour, de l'œuvre et du retour. Il pénètre en Franche-Comté : il y retrouve son arbre fidèle : et, après les avoir sauvés de mille dangers sans cesse renaissans sous ses pas, les 150,000 fr. sont bientôt aux pieds de ses Princes. Les témoignages de leur reconnaissance lui sont prodigués de vive voix et dans un acte où Louis-Stanislas-Xavier et Charles-Philippe lui ont promis de s'empresser de le rembourser en principal et intérêts, aussitôt après leur rentrée en France.

Des circonstances impérieuses ont empêché que ce titre soit présenté à la Commission, chargée de l'emploi des trente millions votés en 1814. Mais dès qu'il a pu être mis sous les yeux de Louis XVIII Sa Majesté a ordonné qu'il soit acquitté, autant que sa liste civile le permettait, par des à-comptes annuels, qui ont eu lieu jusqu'à sa mort, et qui ont cessé d'être payés depuis l'avènement de Votre Majesté. — Comme si Charles X n'était parvenu au trône que pour signaler de plus haut, sa banqueroute et son ingratitude, envers ces mêmes créanciers, sur qui Louis XVIII avait fait éclater sa justice et sa reconnaissance!

O Blasphême! ô Trahison!

Cependant en 1828 la vérité a pu parvenir jusqu'à Votre Majesté, qui s'est alors empressée d'instituer une Commission pour lui faire connaître la quotité de ses dettes. Mais une trahison semble s'être ourdie de nouveau pour repousser les créanciers, dont les dettes ont été reconnues et fixées, et pour les renvoyer (au mépris de l'Ordonnance qui les a appelés) les mains vuides! Ces mêmes mains que Votre Majesté a vues si souvent s'ouvrir à ses besoins, à tous les besoins des Bourbons!!! On laisse plusieurs d'entre eux, dénués de secours, quêter, mendier leur viatique, à la vue du trône resplendissant de leur auguste débiteur!!! Tel d'entre eux expie, en ce moment, sous les guichets de Sainte-Pélagie, sa confiance à se rendre à l'appel d'une Ordonnance royale!!! Tel autre, pour prix d'un dévouement de quarante années, des services signalés qu'il a rendus, des prisons *qu'il a partagées avec M. le Président du Conseil*, des dignités qui lui ont été enlevées, de tous les sacrifices, jusqu'à celui de la vente de ses rentes, employées à l'acquit d'une dette *pudibonde* de Votre Majesté, voit ses malheurs comblés, dans la soixante-dix-septième année de son âge, par l'ex. propriation forcée de son modeste patrimoine et du dernier asile qui restait à sa vieillesse!!! Plusieurs enfin rendus, sans pitié, des objets de pitié, sont réduits à maudire leur existence, et jusqu'à ce dévouement auquel d'augustes voix, surtout celle de Votre Majesté, avaient promis d'autres récompenses!!!

Ce n'est cependant plus le temps où un Ministre perfide, *trahissant la couronne*, osait, du haut de la tribune nationale, nier les dettes de l'hospitalité « et montrer son Roi ingrat et sans foi, envers ceux » qui, dans ses revers, lui ont sacrifié leur liberté, » leur fortune et leur vie. » L'Ordonnance de Votre Majesté a démasqué l'imposture et la trahison. Elle a solennellement fait reconnaître et fixer les dettes du Roi.

Si on a pu se résoudre à laisser ignorer *aux parties intéressées*, comment ces dettes sont reconnues et fixées, elles n'en sont pas moins définitivement et solennellement reconnues et fixées; eh! comment leur paiement serait-il encore atermoyé? Se pourrait-il une série de procédés plus révoltans du puissant contre le faible? une déception plus odieuse, une banqueroute plus scandaleuse, une ingratitude plus monstrueuse? rien enfin de plus honteux pour la France constitutionnelle; rien de plus fatal, dans l'Europe et dans l'histoire, pour l'honneur du règne de Votre Majesté, et de plus capable de verser la déconsidération, la désaffection et l'affliction sur la vieillesse de ce Roi chevalier, qui ne cesse de manifester le besoin de sa conscience d'être délivré de ces dettes saintes et sacrées du dévouement, de la confiance et de l'hospitalité, *devenues dettes de l'Etat*, « aux nécessités duquel » M. le Ministre des finances, comte Roy, a déclaré, du haut de la tribune nationale, « Que la loi des » finances doit toujours subvenir. » A quoi la même tribune, par l'organe de l'honorable M. Dupin, a répondu : « que la Chambre tiendrait pour calom- » nieux tout ce qui semblerait porter du doute sur » son amour du trône et de la dynastie, si puissam- » ment empreint dans le cœur de tous les Français : » — et qu'où il s'agirait d'une dette rigoureuse, » chacun s'empresserait d'en voter le paiement. »

Ah ! sans doute, Sire, après une telle profession de foi, du haut de la tribune nationale, d'où, selon la belle expression d'un autre honorable membre de la Chambre et du dernier ministère, le mot *honneur* et surtout *honneur français*, a tant d'écho : sans doute, tout manquement à l'hon-- neur et à la probité est impossible : et plus il est impossible, plus les malheureux créanciers de Votre Majesté, devenus par la loi *créanciers de l'Etat*, doivent espérer, se flatter, s'assurer que leurs humbles doléances seront accueillies par des âmes royalistes et françaises, « en qui l'amour du » trône et de la dynastie est si puissamment em- » preint : » Et que Votre Majesté voudra bien ordon- ner à ses ministres d'adopter les mesures les plus efficaces et les plus prochaines pour le paiement des dettes reconnues et fixées par la Commission créée par l'Ordonnance royale du 2 août 1828, et qui *dettes des Princes français*, dans leur origine, sont de- venues *dettes rigoureuses de l'Etat*, par le double avènement de Sa Majesté Louis XVIII et de Votre Majesté au trône de vos aïeux ; et desquelles il est aussi juste que facile d'ordonner le paiement, sur la portion des biens que ces mêmes avènemens et la mort de Louis XVIII n'ont réunis au domaine de l'Etat, qu'à la charge de ces dettes.

Je suis avec le plus profond respect,

De Votre Majesté,

Sire,

Le très humble, très dévoué, soumis et obéissant serviteur ,

Paris , le 7 Février 1830.

Au nom des Créanciers de Votre Majesté, dont les créances sont reconnues et fixées.

www.ingramcontent.com/pod-product-compliance
Lightning Source LLC
Chambersburg PA
CBHW051224070726
47595CB00018B/3984